48,500

CHANTEUSE

PAR

AMOUR

OPÉRETTE EN UN ACTE

PAR

MM. Georges VIBERT & Raoul TOCHÉ

MUSIQUE DE

PAUL HENRION

Représentée sur le théâtre des Variétés,
le 1er septembre 1877.

PRIX : 1 FRANC.

PARIS

L. BATHLOT	A. CORCIER
éditeur de musique,	libraire,
39, rue de l'Échiquier.	9, faubourg du Temple.

BARBRÉ, 12, boulevard Saint-Martin.

1877

BATHLOT, éditeur de musique

39, rue de l'Échiquier.

Paroles et Musique.

Une Table de café (deux hommes)	net.	4 »
Chicard et Bébé (un homme et une femme)	net.	4 »
Une Femme tombée du ciel (un homme et une femme)	net.	5 »
Le Grand-Papa de la chanson (un homme et une femme)	net.	3 »
Les Hirondelles de la rue (deux femmes ou un homme et une femme)	net.	3 »
La Leçon de musique (un homme et une femme)	net.	3 »
Simone et Boquillon (deux hommes et une femme)	net.	5 »
Sauvons la caisse (un homme et une femme)	net.	4 »
Un Amour d'épicier (deux hommes et une femme)	net.	3 »
Un Souper chez la Contat (deux femmes)	net.	5 »
La Vénus infidèle (un homme et deux femmes)	net.	5 »
V'là le plaisir, mesdames (deux hommes)	net.	4 »
Voiture à vendre (deux hommes)	net.	3 »
Souviens-toi de Clémentine (deux hommes et une femme)	net.	4 »
Monsieur Auguste (un homme et une femme)	net.	3 »
Un Coq en jupons (un homme et une femme)	net.	5 »
Valet de cœur (un homme et une femme)	net.	4 »
Le Serment de madame Grégoire (un homme et une femme)	net.	8 »
Mariages riches (un homme et une femme)	net.	3 »
La p'tit Bête vit encore (un homme et une femme)	net.	4 »
Paille et poutre (deux femmes)	net.	6 »
Le Colosse de Rhodes (trois hommes)	net.	4 »
Les deux Muses (deux hommes)	net.	3 »
L'Arracheuse de dents (deux hommes et une femme)	net.	4 »
Madame de Rabucor (deux hommes et une femme)	net.	4 »
Un Mariage au flageolet (un homme et une femme)	net.	4 »
Madame le Docteur (deux hommes et une femme)	net.	4 »
Madame la Baronne (un homme et une femme)	net.	4 »
Le Menu de Georgette (trois hommes et deux femmes)	net.	8 »
Les Fiancés berrichons (un homme et une femme)	net.	3 »
Tata chez Toto (deux hommes et une femme)	net.	4 »
Un Hercule qui ne veut pas se rouiller (deux hommes et une femme)	net.	4 »
Un Domestique pour rire (un homme et une femme)	net.	4 »
Calino amoureux (deux hommes et une femme)	net.	3 »
Pygmalion (un homme et deux femmes)	net.	4 »
La Canne d'un grand homme (deux hommes et deux femmes)	net.	4 »
Le Pantalon de Casimir (un homme et une femme)	net.	6 »
Myope et Presbyte (un homme et une femme)	net.	4 »
Il Senor Pifardino (un homme et une femme)	net.	6 »
Un Mariage en Chine (quatre hommes et une femme)	net.	6 »
Absalon (deux hommes et une femme)	net.	6 »
Une Fille à trucs (trois hommes et une femme)	net.	4 »
Réponse du Berger (un homme et une femme)	net.	4 »
La Lune de miel normande (un homme et une femme)	net.	4 »
Deux Portières pour un cordon (trois hommes)	net.	4 «
La Nuit du 15 Octobre (trois hommes et une femme)	net.	6 »
Le Rajah de Mysore (cinq hommes et deux femmes)	net.	8 »
Saint-Yvon (deux hommes et une femme)	net.	5 »
Souhaits ridicules (deux hommes et une femme)	net.	5 »
Une Étoile d'antichambre (deux hommes et une femme)	net.	5 »
Tu l'as voulu (trois hommes et une femme)	net.	8 »
Le Train des maris (deux hommes et deux femmes)	net.	6 »

CHANTEUSE

PAR

AMOUR

OPÉRETTE EN UN ACTE

PAR

MM. Georges VIBERT & Raoul TOCHÉ

MUSIQUE DE

PAUL HENRION

Représentée sur le théâtre des Variétés,
le 1er septembre 1877.

PRIX : 1 FRANC.

PARIS

L. BATHLOT	A. CORCIER
éditeur de musique,	libraire,
39, rue de l'Échiquier.	9, faubourg du Temple.

BARBRÉ, 12, boulevard Saint-Martin.

1877

PERSONNAGE

—

SUZANNE........ .... Mme Judic.

Les indications sont prises à la droite du spectateur.

—

POUR LA PARTITION PIANO ET CHANT ET L'ORCHESTRATION S'ADRESSER
A L'ÉDITEUR, 39, RUE DE L'ÉCHIQUIER, PARIS.

Paris. — Imprimerie Alcan-Lévy, rue de Lafayette, 61.

CHANTEUSE

PAR

AMOUR

Un salon. — Au fond, une porte. — A droite, au premier plan, une autre porte, masquée par une portière. — Au second plan, une cheminée.—A gauche, au premier plan un secrétaire ouvert. — Au second plan, une porte. — Çà et là, des malles ouvertes, des sacs de voyage, des paquets sur tous les meubles.

SCÈNE

SUZANNE *entre par la porte de droite, les bras chargés de jupons empesés, qu'elle ne sait où déposer et qu'elle laisse tomber à terre.*

Il n'y a plus un coin de libre ici ; et ma femme de chambre qui ne revient pas ! je vais être obligée de finir mes malles moi-même. (*Rangeant les jupons dans la malle.*) Oh! les voyages! Je les adorais autrefois quand je n'y étais pas forcée... Maintenant ils me font horreur. Les départs surtout! et je n'ai que de ça, moi, toujours des départs. Je n'arrive jamais, c'est vrai!... Arriver, c'est s'installer quelque part, et je n'appelle pas s'installer, passer un mois dans les meubles d'une autre. Voilà un mois, heure pour heure, que j'ai sous-loué cet appartement à mademoiselle Juana Portier, et il me faut déguerpir. Pour une actrice irrégulière, cette demoiselle est vraiment d'une régularité bien désagréable. Elle n'aura sans doute pas eu grand succès dans sa tournée ; on ne s'est pas empressé de renouveler son engagement. (*Essayant de fermer la malle.*) Allons bon, ça dépasse! On ne peut donc pas faire des caisses de la longueur d'un jupon, ils ont donc tous des femmes trop courtes, ces emballeurs! Je commençais à m'y habituer, à cet appartement. Il me plaisait! et je m'étais figurée qu'il m'y arriverait un tas de bonheurs. Mais bah ! si le bonheur doit te venir, ma pauvre Suzanne... il saura bien te rattraper. Va, ma fille, fais ton paquet. (*Elle enveloppe des bottines et retourne à la malle.*) Ça ne fermera pas ! (*Contemplant tous les objets épars dans le salon.*) Jamais tout cela n'entrera dans mes malles ! quand on part à regret, c'est toujours comme ça ! il semblerait que plus le cœur se gonfle, plus les malles se rétrécissent (*Elle essaie encore de fermer la malle en s'asseyant sur le couvercle.*) Non, c'est impossible ! Et cette Virginie qui ne rentre toujours pas, et qui me laisse au milieu de ce... naufrage. Oh ! les domestiques ! surtout celle-là. En voilà une qui ne se fait pas de bile ! elle adore les voyages, elle, je le crois bien. (*Imitant sa bonne.*) Tout est rangé dans le salon par petits paquets ; Madame n'a plus qu'à vérifier et à fermer les malles. Moi, je vais à la gare retenir un coupé pour ce soir. Et puis oust ! mademoiselle file et ne rentre pas. Des adieux à faire, sans doute. Eh bien ! ces adieux-là doivent être joliment déchirants ! (*Regardant sa montre.*) Voilà trois heures qu'elle est partie. Ah ! ces filles-là ont de la chance, elles sont aimées, elles ! (*Ouvrant son médaillon.*) Il est vrai qu'on ne leur jure pas la moitié de ce que vous m'avez juré, vous ! oh ! le monstre ! le parjure ! le lâche ! l'infâme ! (*A chaque épithète elle sort les jupons de la malle. Reprenant le portrait.*) Chaque fois que je le regarde, je sens ma colère revenir, et c'est pour ça que je l'ai toujours sur moi, afin d'être bien sûre de toujours le détester. Et lui, il reste là, souriant, sous son verre bombé, il ne change pas de couleur, il est inaltérable ; procédé au charbon ! (*Elle tombe sur une chaise près du secrétaire.*) Et les femmes donc, quand elles s'y mettent. (*Lisant une lettre.*) « A mademoiselle Juana Portier. Je viens à vous le cœur vide et les mains pleines ! voulez-vous vider les unes et emplir l'autre ? »... Crétin va ! Ah bien !... il a dû être bien servi, celui-là ! (*Prenant une autre carte et lisant.*)..... « Sénateur inamovible.» Pour moi, il aurait plutôt une tête de candidat perpétuel. (*Ouvrant une lettre et lisant.*) « Ma chère Juana, je vous ai attendue chez Brébant jusqu'à minuit. Seriez-vous malade ?» Imbécile ! (*Lisant des cartes.*) Le marquis Gontran de Rochemagne... Le prince Ravioli... Papachipalapouloduros, à Athènes. Ah ! on ne peut accuser celui-là de tricher... sur le nombre des syllabes (*Continuant à lire.*) Le baron ! Le comte ! Son altesse... Lord Kanot Cagnotte ! Toute la noblesse universelle, quoi ! Et tous, avec des dédicaces, des compliments, des madrigaux ! et pour qui ? Pour une femme qui possède évidemment plus d'années que de cheveux ! Et bâtie... Dieu sait comme ! car depuis un mois que je vis ici, j'ai vu bien des choses ! Avec tout ce qu'elle s'ajoute, on ferait presque une femme ordinaire. Ce doit être un vrai squelette ! Mais une fois coiffée, maquillée, corsetée, maillotée... Et puis, c'est une actrice ! Et puis elle a un passé... bien rempli ! Décidément les amants sont comme les touristes qui gravent avec orgueil leur nom sur les sommets plus ou moins inaccessibles. Encore, les voyageurs ont ils quelquefois le mérite de la difficulté. (*Remuant les lettres et les cartes à pleines mains.*) Tandis qu'ici !... Et qui sait ? dans tout ce tas, il y en a peut-être quelques-uns dont l'amour était sincère et qui ne méritaient pas cette fosse commune ! Eh bien ! voilà une femme qui loue son appartement et qui laisse tous ses secrets dans un meuble ouvert, à ma disposition, sans savoir qui je suis ; car enfin, une autre plus curieuse aurait déjà fouillé dans tout cela ! Oh ! ces femmes-là n'ont même pas de cœur, et c'est également pour courir après une actrice que monsieur m'a quittée ! Oh ! je le sais ! Eh bien, soit !

RONDEAU

I

> Il vous faut l'attrait des coulisses,
> L'odeur du gaz... *et cætera.*
> Puisque vous aimez les actrices,
> Eh bien ! on vous en servira.
> Il vous faut un brillant corsage,
> Des cheveux bouclés avec art.
> Une femme dont le visage
> Ne rougit qu'à force de fard !
> Il vous faut l'éclatant prestige
> De la lumière et des bras nus.
> Le bruit qui donne le vertige,
> Et des prédécesseurs connus !
> Puisqu'il vous faut cela quand même
> Je puis l'avoir, et je l'aurai.

1.

Je veux porter un diadème
Par mille succès consacré.
J'apprendrai comment on s'habille,
J'aurai du chic! j'aurai du chien!
Je veux que mon étoile brille
Dans le firmament parisien,
J'aurai des cou.onnes splendides,
J'aurai des fleurs, des diamants!
J'aurai des amoureux timides!
J'aurai de gros appointements.
Et quand ma gloire sera faite,
Quand le public m'applaudira,
Baissant les yeux, courbant la tête,
Alors, monsieur me reviendra.
Il reviendra, mais ma colère
Vengera mon amour déçu.
Vous aurez beau dire et beau faire,
Venez! vous serez bien reçu!

II

Quand vous serez là sous le charme
De ce prodige inattendu.
Je vous verrai, sans une larme,
Pleurer sur le bonheur perdu.
Vous me supplierez, mais qu'importe!
Mon cœur ne sentira plus rien,
Je raillerai, je serai forte.
Ah! que je me vengerai bien!
Me venger! le pourrai-je faire,
Quand j'entendrai sa douce voix
Me répéter avec mystère
Les mots amoureux d'autrefois?
Aurai-je le triste courage
De le repousser à jamais?
Ne vaut-il pas mieux, à mon âge,
Dire : J'aime! au lieu de : J'aimais!
Quand il me dira qu'il m'adore,
Qu'il n'a jamais aimé que moi.
Je le croirai peut-être encore
Sans savoir comment, ni pourquoi.
Le pardon, c'est là notre affaire,
Nous sommes faibles, voyez-vous.
L'homme le meilleur ne vaut guère
La plus mauvaise d'entre nous.
Oh! les beaux jours! la belle vie!
Partager tout par la moitié,
Paraître heureux à faire envie,
Amoureux à faire pitié!
Je pardonnerai, j'en suis sûre,
Sans le vouloir, à mon insu,
Reviens, j'oublierai, je le jure,
Reviens, tu seras bien reçu!
(Essuyant une larme.)

Décidément, je suis trop bête! N'y pensons plus !
Et, comme dirait Polydore, mon illustre professeur

de chant : Puisque le papillon volage ne trouve plus assez d'éclat au modeste flambeau de l'amour, occupons-nous de devenir une étoile ! Ce bon Polydore, en voilà un type ! Il a une excellente méthode; mais il est un peu trop entreprenant... Ah ! j'ai été obligée de le mettre définitivement à la porte hier... Aussi, il n'a pas osé venir me dire adieu aujourd'hui, mais il m'a envoyé ses derniers conseils par écrit. (*Sortant une lettre de sa poche.*) Ma chère élève, Polydore ne peut se consoler du départ d'Ulysse, car vous l'êtes par la pureté. —Ah ! il en fait comme ça vingt par heure.—Vous trouverez dans la caisse que je vous ai envoyée les chansons que je vous ai promises. Chacune de ces chansons est dans un petit carton séparé avec les accessoires nécessaires. Je vous ai choisi celles qui sont le plus en vogue, et si vous vous appeliez Zoé, je me permettrais de vous dire que j'en ai ajouté quelques-unes de mon crû, Z...—Oh ! et moi qui lis ça sérieusement.— J'y ai joint en outre mon dictionnaire des gestes appropriés à la chansonnette moderne. (*Elle ferme la lettre et prend le dictionnaire dans la malle.*) Voyons cela ! (*Lisant.*) L'art de corroborer la pensée par la pantomime, *et cœtera*. Où ça commence-t-il donc ? Ah ! voilà ! (*Lisant*) Amour. Pour exprimer ce mot, mettre les deux mains sur le cœur et remuer les coudes en imitant un battement d'ailes. (Carlotta Grisi dans *Giselle*.) Ah ! mais, il cite ses auteurs... Voyons ! (*Elle fait le geste.*) J'ai l'air d'un canard ! (*Lisant.*) Jamais ! Porter la main à droite et tourner la tête à gauche : (Mirabeau à la tribune.) (*Elle fait le geste.*) Autre manière d'exprimer ce mot : Frotter l'index de la main gauche avec l'index de la main droite. (Debureau dans *la Queue de Lapin*.) (*Elle fait le geste.*) C'est moins noble. Un bel homme : Tourner la main droite en cercle plusieurs fois autour du menton, comme si on se savonnait. (*Elle fait le geste.*) S'il y a une chose qui m'étonne, c'est que le public comprenne tout de même. *Nota*. Tous ces gestes peuvent se remplacer par d'autres, suivant l'inspiration de l'artiste. Je crois décidément que c'est à cette méthode-là que je m'en tiendrai. Maintenant, voyons les chansons. (*Elle fouille dans la malle.*) Pandore ouvrant sa boîte n'était certes pas plus

I.

émue. Ah ! c'est que là-dedans est le succès et avec lui ma vengeance. Le fait est que tout cela est rangé avec un soin. (*Elle sort un premier carton.*) Qu'est-ce qu'il peut y avoir là-dedans ? (*Elle l'ouvre et en sort un gigot en carton.*) Oh ! (*Elle en sort un tablier blanc et une cuillère à pot*). Qu'est-ce que tout ça ? (*Elle sort la romance. — Lisant le titre :*) « Trop d'ail dans le manche ! » (*Jetant le tout avec dépit.*) Je ne chanterai jamais des choses pareilles ! Si elles sont toutes de ce genre-là ! (*Elle ouvre un autre carton.— Lisant.*) « La Fraise. » Ça, c'est gentil comme titre ! (*Elle sort du carton un bonnet de coton garni de cheveux roux.*) Comment ? il faut mettre ça. Je vais être horrible ! Enfin, c'est pour l'art. (*Elle met le bonnet de coton devant la glace et se regarde.*) Ces auteurs, tout de même, ont-ils de drôles d'idées ! Allons-y !

COUPLET

J'n'ai pas l'physiqu' fait pour plaire,
Ni pour avoir des succès.
Comment qu' ça s' fait, au contraire,
Que tout l'mond' me court après ?
J'possède un œil droit qui louche,
Un nez qu'on dit qu'il pleut d'dans,
Des jamb's tors's, et dans la bouche
Je n'ai plus que quatre dents.
Mais le ciel, ne vous déplaise,
M'a fait l'plus beau des cadeaux :
Juste dans l'milieu du dos
    J'ai-z-un' fraise !

Qu'est-ce que c'est que cette infamie ? (*Elle retourne la musique pour lire le titre.*) Créée à l'Eldorado, par monsieur Ducastel ! Un homme ! (*Elle jette le bonnet de coton.*) Ce Polydore est fou !.. Ah bien ! Si toute sa caisse est faite comme ça. J'aime mieux croire que c'est une erreur. (*Elle ouvre un autre carton, lisant.*) Le Requin et la Torpille, genre Bécat. Oh ! Cette chanteuse-là, je l'ai entendue, c'est une école à part. Essayons !

CHANSONNETTE

I

Une torpille à l'œil tendre
S' balladait au fond d' la mer ;
Un requin vint à descendre,
Et lui trouva fort bon air.

Il pensa qu'il s'rait conv'nable
D'lui fair' deux nageoir's de cour,
Et se mit d'un air aimable
A lui parler d'son amour.
Ah ! comme il fut libertin
. Le requin près d' la torpille ;
Mais elle était si gentille,
La torpill', près du requin !

II

Pour s'assurer d'sa constance,
Le requin n'trouva rien d'mieux
Qu' d'avaler sa connaissance.
Les v'là partis tous les deux !
Ça passait comm' du jujube ;
Mais le ventre du poisson
En cognant l'fond du Danube,
Eclata comme un caisson !
Ça causa bien du chagrin
Aux parents de la torpille ;
Ça désola la famille
D'la torpille et du requin !

Eh bien ! non ! ça n'est pas là le genre que je choisirai,
ça donne trop chaud, à une autre.. Voyons celle-là !
Ne me faites pas rire, oh ! çà, genre Judic ça n'est pas si
difficile qu'on croit, et puis on dit que je lui ressemble
un peu. D'ailleurs, je la connais cette chanson-là. Polydore me l'a fait répéter plus de vingt fois, je la sais
par cœur. (*Elle prend dans le carton, un bonnet et
un fichu de paysanne : en s'ajustant.*) A la bonne
heure ! Voilà au moins quelque chose de plus gracieux.

CHANSONNETTE

I

C'était le jour de mon mariage :
L' matin, c'est comme un fait exprès,
J'avais perdu, mauvais présage,
Un p'tit agneau que j'adorais.
Vous d'vez comprendre ma tristesse.
Aussi. lorsque l'garçon d'honneur
V'nait m' chatouiller par politesse,
J'lui répondais : Vilain sans cœur !
Ne m'fait's pas rir' ! restez tranquille.
Vous l'voyez bien, j'suis comme un crin
N' m'fait's pas rir' ! grand imbécile !
Ne m'fait's pas rir' ! j'ai trop d' chagrin.

II

Un malheur, la chose est certaine,
Est toujours suivi d'un malheur.
Le croiriez-vous ? Voilà ma veine !
Ma rob' m'allait comme une horreur.
A Monsieur l' Maire on me présente :
Le v'là qui dit : Souvenez-vous
Que vous d'vez être obéissante,
Et fidèle envers votre époux.
Ne m'fait's pas rir'. j'peux rien y faire;
Vous l' voyez bien, j' suis pas en train.
Ne m'fait's pas rire ! Monsieur le Maire,
Ne m'fait's pas rir'! j'ai trop d'chagrin.

III

Le soir, sitôt après la danse,
Maman m'a quitté', c'était, j'crois,
La premièr' fois d' mon existence.
Que de malheurs ! pour un' seul' fois.
Sitôt seuls, mon mari respire,
Et me regardant comme un fou,
Sans faire un geste, sans rien dire,
Il m'embrass'là juste dans l'cou.
Ne m'fait's pas rir'! c'est pas honnête,
Laissez-moi m'désoler un brin;
Ne m'fait's pas rir'! Dieu qu'vous êt's bête!
Ne m'fait's pas rir'! j'ai trop d'chagrin.

Décidément, voilà mon genre trouvé. Ah ! la carrière dramatique a de beaux moments, je me vois déjà le soir de mes débuts.. La salle est comble, toutes les oreilles sont tendues et tous les yeux sont fixés sur moi, je m'avance.. calme.. digne.. modeste.. pas trop. (*Elle se cherche une physionomie.*) L'air un peu bon garçon dans le sourire, les bras libres. (*Elle cherche plusieurs poses de main.*) Et le regard, oh le regard droit à l'orchestre, les paupières demi-closes.. On a l'air d'avoir les yeux timidement baissés, pour les loges sérieuses. Une légère rougeur, non pas de ce que l'on dit, mais plutôt de ce qu'on ne dit pas, enfin, un air naturel ! L'entrée est bonne, les yeux me sont sympathiques, et les mains frémissent déjà du désir d'applaudir; je commence. (*Elle chante.*)

C'était le jour de mon mariage,
L'matin...

(*A ce moment elle est interrompue par un violent coup de sifflet. Elle s'arrête interdite et regarde autour d'elle avec anxiété.*)

Ah ! je suis folle, il m'avait semblé entendre, j'en ai si peur au fond. . Mais non, n'est-ce pas ? Allons ! je recommence. (*Coups de sifflet.*) Ah ! cette fois, j'ai bien entendu, c'est une cabale. (*Coup de sifflet.*) Non, ça part de là ! (*Elle désigne la portière.*) Il y a quelqu'un derrière ce rideau... Ah ! mon Dieu ! je tremble, c'est un sifflet de voleur, je sens que je ne peux pas crier, c'est égal il faut voir. *(Elle relève le rideau en tremblant)* Ah ! un serpent ! (*Riant.*) Dieu ! que je suis poltronne, c'est un tuyau acoustique. (*Sifflet.*) D'où vient-il ? (*Sifflet.*) Je n'en ai jamais eu connaissance. (*Sifflet.*) La chambre de la bonne est dans l'appartement. (*Sifflet.*) Voilà ! Voilà !... on est impatient là-dedans ; je vais répondre, tant pis. (*Elle souffle dans le tuyau, puis le porte à son oreille. Après avoir écouté.*) Evidemment on croit s'adresser à mademoiselle Juana, mais on me demande si c'est bien moi, je ne mens pas. (*Parlant dans le tuyau.*) Oui, c'est moi. (*Au public.*) Ah ! tant pis, j'ai comme locataire le libre usage de tout ce qui est ici. (*Elle écoute et parle alternativement.*)

. . . .

Oui, je suis de retour.

. . . .

Mais qui êtes-vous ?

. . . .

(*Au public.*) On ne veut pas dire son nom... (*Dans le tuyau.*) Mais où va ce tuyau ?

. . . .

(*Regardant le plafond. Au public.*) Au-dessus !...

. . . .

(*Elle écoute avec étonnement, puis revient au milieu de la scène.*) Ah ! mais c'est toute une intrigue, en voilà du toupet. Louer l'appartement au-dessus, soudoyer une femme de chambre, percer un plafond, faire mettre un tuyau acoustique pour communiquer avec mademoiselle Juana Portier, et tomber il y a un mois, juste le jour de son départ, ça n'est vraiment pas de chance ; mais alors, qu'est-ce qu'il fait là-haut, depuis un mois ? Si je le lui demandais, ah ! ma foi, puisqu'il s'agit d'une autre, je n'ai pas à me gêner, et j'y retourne. — (*Dans le tuyau.*) Depuis un mois que faites-vous ?

(*Revenant à l'avant scène.*) Il l'a suivie, je m'explique tout maintenant. (*Elle tombe sur un fauteuil en riant.*) Mais quelle drôle d'idée de suivre une actrice en tournée. Ces femmes-là, ça va, ça vient, et ça ne se pose jamais nulle part. Aussi, je ne m'étonne pas que ce pauvre garçon soit toujours arrivé vingt-quatre heures trop tard pour la rejoindre. Sauf aujourd'hui, pourtant, où il est d'une aemi-journée en avance. (*Deux coups de sifflet.*) Ah ! bien, pour la première fois qu'il se sert de son tuyau on peut dire qu'il s'en donne. (*Trois coups de sifflet.*) Ah ! mais c'est un volcan qu'il y a au bout de cela. (*Elle retourne au tuyau.*) Je crois que je peux me préparer à entendre une déclaration... par correspondance.

DUO

ORCHESTRE

. . . .
. . . .

SUZANNE

Je comprends, mais qu'y puis-je faire :
Cela n'est pas en mon pouvoir.

ORCHESTRE

. . . .
. , ...

SUZANNE

Monsieur, je n'ai pas l'habitude
Qu'on me parle si tendrement.
 (*Elle ferme le tuyau. — Au public.*)
Mon Dieu ! quelle ardeur poétique !
Ai-je le droit de l'en punir ?
Ces choses-là ça fait plaisir
Même dans un tube acoustique.

(*Coup de sifflet.*) Ah ! ça, mais, il va ameuter la maison, il faut le calmer (*Elle retourne au tuyau.*)

SUZANNE

Je consens à causer encore,
Mais jurez-moi d'être gentil.

ORCHESTRE

.   .   .   .
.   .   .   .

SUZANNE

Plait-il?
Vous recommencez? Prenez garde!
Voyons, causons en bons amis.

ORCHESTRE

.   .   .   .
.   .   .   .

Suzanne. (*Parlé.*)

Oh! (*Elle ferme le tuyau. Au public.*)

Ah! l'aventure se complique,
Il n'est que temps de réagir,
Ces choses-là, ça fait rougir,
Même dans un tube acoustique.

Il va vraiment trop loin. (*Coup de sifflet.*) Encore.
Tant pis, je ne réponds plus .. Mais j'y songe, il est
capable de descendre maintenant et de découvrir que
c'est moi qui... Ah! mais non, j'aime mieux continuer
le dialogue;... me voilà condamnée au tuyau à perpé-
tuité. (*Regardant sa montre.*) Pour une heure seule-
ment. (*Brusquement dans le tuyau.*) Qu'est-ce que
vous voulez encore?

.   .   .   .
(*Au public.*) Ma clef. (*Dans le tuyau*) Pour quoi
faire?

.   .   .   .
(*Au public.*) C'est ça, voilà maintenant qu'il veut
entrer ici en maître. Oh! les hommes! laissez leur
prendre un pied... ma clef c'est trop fort! mais au fait,
ce n'est pas ma clef, dans une heure ça sera même la
clef d'une autre, et puis, je n'ai que ce moyen de le
faire tenir tranquille. D'ailleurs, ce qui se passera ici
ce soir ne me regardera plus. (*Dans le tuyau.*) Je
consens, mais par où vous l'envoyer, cette clef?

.   .   .   .
(*Au public.*) Par la cheminée! comment! il a aussi

percé la cheminée. (*Elle va à la cheminée.*) Voilà le
fil. (*Elle attache la clef.*) Attachons la clef! Ah ! bon
voyage. C'est égal, c'est mademoiselle Juana qui sera
étonnée ce soir... ça doit être un naïf,... car s'il con
naissait les profondeurs du secrétaire il n'aurait pas
fait tant d'histoires. Ah ! je rirai bien quand je le
rencontrerai. Mais que je suis bête ! je ne le connais
pas, tant pis, ça m'aurait amusée de l'intriguer. Et
puis je ne saurai jamais comment tout cela aura fini...
Ah ! bien, ça n'est plus drôle une plaisanterie, quand
on ne connaît pas sa victime. (*Elle réfléchit.*) Ma foi,
oui ! (*Elle retourne au tuyau.*) Avez-vous votre photographie? Je veux vous connaître avant de vous rece-
voir ! (*Elle court à la cheminée.*) Il va la descendre.
Non! il la croit bien bête, ou il est bien prétentieux, la
voilà. (*Elle prend la photographie et la tient à la
main sans la regarder.*) Je suis sûre qu'il est vieux
et laid : je parierais qu'il a des lunettes, avec un grand
faux-col et un..... (*Elle regarde la photographie et
tombe dans un fauteuil en poussant un cri.*) Lui...
C'est lui... Oh ! le misérable ! C'est lui... Voilà donc
ce qu'il est devenu depuis un mois, et moi qui le cher-
chais à Paris. Pendant ce temps-là monsieur courait
la province à la suite de cette... Oh ! j'avais bien
raison de la détester cette Portier, c'est de l'instinct
ça, ça ne trompe pas, mais enfin il ne l'a pas rejointe,
c'est bien fait. il m'a été fidèle, malgré lui, c'est vrai,
mais ça revient au même, et il ne la retrouvera pas.
Oh! mais non ! non ! Comment il ne la retrouvera
pas?... Mais il a la clef... et c'est moi qui.. ah! c'est
trop bête.. ainsi il posait son petit tuyau, il perçait
son petit trou dans la cheminée comme un serin, il
prenait son petit chemin de fer pour arriver toujours
après elle sans pouvoir la rencontrer, elle ne l'aurait
peut-être même pas reçu, et voilà que je lui prépare
tout pour réussir. Oh ! mais non ! je vais monter, et
nous verrons bien... Une scène... je serai ridicule, et
il va falloir que je parte... mais non, c'est impossible,
je ne peux cependant pas m'en aller et les laisser là
ensemble... Oh! je rage, je rage,.... voilà ce que c'est
que de faire de bonnes plaisanteries (*Elle trépigne.*)
Ah! si je n'étais pas seule. Je sens que ça me ferait
du bien de me trouver mal. (*On frappe à la porte du*

fond.) Hein?... (*Elle se précipite à la porte du fond, pousse le verrou.*) Qui est-ce qui est là.

UNE VOIX *derrière la porte*

Madame !

SUZANNE

Ah ! ça n'est que le concierge.

LA VOIX

C'est un télégramme de mademoiselle Juana Portier, elle reste huit jours de plus en voyage, vous pouvez garder l'appartement si vous voulez.

SUZANNE

Ah ! je crois bien que le garde (*Sur le devant de la scène.*) Oh ! oui, je reste ! à nous deux, Monsieur, maintenant, vous ne m'échapperez plus. Mais je ne veux pas qu'il me reconnaisse trop vite. (*Elle prend une mantille.*) Ah ! vous aimez les femmes qui jouent la comédie.(*Elle se met un grand peigne et une rose.*) Eh bien ! on vous en donnera (*Elle ajuste sa mantille.*) à l'Espagnole ! Les accessoires maintenant (*Elle sort de la malle un loup de velours et un poignard.*) Le masque, le poignard à la jarretière ?... Non ! là ça suffit ! (*Elle met le poignard dans son sein.*) Eh bien ! je crois que mes débuts seront brillants !

RONDEAU FINAL

(*au public*)

Dans un instant il va venir,
Et je vais pouvoir le punir.
  Dieu, quelle fête !
Quand je lui dirai... me voilà !
Mais j'ai grand besoin pour cela
  D'un tête à tête.
Il ne faut pas l'effaroucher,
Donc, au risque de vous fâcher,
  Je vous renvoie ;
A coup sûr, dans d'autres moments,
Messieurs, vos applaudissements
  Feraient ma joie.
Le succès est pourtant bien doux.
Perdre vos bravos, entre nous,

C'est grand dommage !
Mais dans un rendez-vous, la nuit,
Quand on entend un si grand bruit,
        Ça décourage !
Je mets en vous tout mon espoir
Et je vous demande ce soir
        Obéissance.
Vous voyez tous mon embarras,
Par pitié n'applaudissez pas,
Soyez gentils, faites silence !

*(Elle se dirige vers la porte du fond pendant
que le rideau baisse.)*

FIN

Paris. — Imprimerie Alcan-Lévy, rue de Lafayetté, 61.

Paroles et Musique.

Les deux Avares (deux hommes et une femme) . . . . . . net. 8 »
Le Tour du moulinet (deux hommes et une femme) . . . . net. 8 »
Memnon (deux hommes et une femme) . . . . net. 8 »
Marianne et Jeannot (un homme et deux femmes) . . . . . net. 8 »
La Boîte de Pandore, opéra-bouffe en trois actes. . . . . net. 12 »
Héloïse et Abélard, opéra-comique en trois actes . . . . . net. 15 »
La Fiancée du roi de Garbe, opéra-comique en quatre actes. net. 16 »
L'Amour et son carquois, opérette en deux actes . . . . . net. 8 »
Le Bien d'autrui, opéra-comique en un acte . . . . net. 8 »
Les Rendez-vous galants, opéra-comique en un acte. . . . net. 8 »
Antoine et Cléopâtre (deux hommes et une femme). . . . . net. 4 »
Un Mari à l'essai (un homme et une femme) . . . . net. 4 »
Jeanne, Jeannette et Jeanneton (un homme et trois femmes. net. 8 »
La Jeunesse de Béranger (trois hommes et une femme) . . . net. 6 »
La Chanson du printemps, opéra-comique . . . . net. 8 »
Les Mariés de Nanterre (homme et femme). . . . . net. 4 »
La Saint-Nicolas (homme et femme). . . . . net. 8 »
Une Femme qui bégaye (trois hommes et deux femmes). . . net. 6 »
Jefque et Trinne (un homme et une femme). . . . . net. 3 »
Chez les Corniquet, scène à un personnage. . . . . net. 1 »
Le Mariage du petit Léon, opérette (par toute une troupe) . net. 1 50
Lassimonne (méthode d'harmonie) . . . . net. 5 »
Faut du prestige, vaudeville en un acte . . . . net. 1 »
Faites le jeu, messieurs, vaudeville en un acte . . . . . . net. 1 »
Les Femmes de Valentino, vaudeville en un acte. . . . . net. 1 »
Le Fils de M. Alphonse, vaudeville en un acte . . . . . . net. 1 »
Le Mérite des femmes, vaudeville en un acte. . . . . . . net. 1 »
Le Nouvel Achille, vaudeville en un acte. . . . . net. 1 »
Le Trésor des Dames, vaudeville en un acte . . . . net. 1 »
La Rosière de Valentino, vaudeville en un acte. . . . . . net. 1 »
Ruy-Black ou les Noirceurs de l'Amour, vaudeville en un acte net. 1 »
Une Nourrice sur lieu, vaudeville en un acte. . . . . . . net. 1 »

Morceaux de piano seul

Au Galop, fantaisie, par Descat. 7 50
Boîte de Pandore, bouquet de mélodies, chaque suite . . . . 6 »
    — divertissement, par Mocker. . . . . 6 »
    — 3 fantaisies, par Wachs, chaque, ... 4 »
    — 3 suites à 4 mains, par Renaud de Vilbac. . . 10 »
Galop par l'Auteur sur la Boîte de Pandore . . . . 6 »
Cloches de Corneville, bouquet de mélodies en 3 suites, chaque . . . 6 »
    — fantaisie, par Moniot . . . . 6 »
Airs de ballet de Litolff, trois suites, chaque. . . . . 4 »
Ivanowna, fantaisie de concert, par Chassaigne 7 50
Marseillaise et Chant du Départ, facile. . . . . 3 »
Marche héroïque de Javelot. . . . . 4 »
Presto galop, par Massagé . . . . 6 »
Vieille Chanson, fantaisie, par Robert Planquette. . . . . 6 »
Le Roubaisien, galop, par de Leeuw . . . . 9 »
Les Guides montagnards, galop, par Broustet . . . . 6 »

Valses

Folembray-Valse, Robert Planquette. . . . . 6 »
Gardenia-Valse, Berthe Mariani . . . . 6 »
Héloïse et Abélard, de Litolff, original. . . . . 6 »
    — — petite valse . . . . 5 »
    — par Léon Dufils, suite de valse. . . . . . . 6 »

Paroles et Musique.

Les Libellules, de Leeuw. 7 50
Maladetta-Valse, de E. Broustet. . . . . 6 »
Marie-Louise, de E. Broustet. 7 50
Memnon, de Grisart. . . . . 6 »
Les Nymphes, de Henri Natif. 7 50
Pied de Céleri, valse, Paul Meyan. 7 50
Perles et Diamants, J. Müller. . . . . 6 »
Pour elle! caprice-valse, F. Chassaigne. 7 50
Reine des Pyrénées, valse, E. Broustet. 7 50
Rose, valse de Sighicelli, par Henry Litolff. 7 50
Heil Hema, Georges Geer. . . . . 6 »
L'Avalanche, par Ed. Broustet. 7 50
L'Attente, sur le motif de Wenzel, par Mirecki. . . . 6 »
La Boîte de Pandore, par Litolff. . . . . 6 »
        —   par Métra. . . . . 6 »
La Bohémienne, par de Leeuw. . . . . 9 »
Catharina, par H. Litolff. 7 50
Cloches de Corneville par C. Genêt. . . . . 6 »
        —   par Métra. . . . . 6 »
        —   par l'Auteur. . . . . 5 »
Etigny, par Ed. Broustet. . . . . 6 »
La Fiancée du roi de Garbe. . . . . 6 »

Polkas

Adèle, polka, par Ch. Rosenquest. . . . . 5 »
Boîte de Pandore, par Léon Dufils. . . . . 4 »
Cloches de Corneville, par Arban. . . . . 5 »
Le Drapeau, par L. Mayeur. . . . . 5 »
La Fiancée du roi de Garbe, Léon Dufils. . . . . . . 5 »
La Gracieuse, de Leeuw. . . . . 5 »
Héloïse et Abélard, Léon Dufils. . . . . 5 »
Ivanowna de Rosenboom, par Mirecki. . . . . 5 »
Kou-Karil, E. Broustet. . . . . 5 »
Louise, de Leeuw. . . . . 5 »
Lérida, polka pour piston, Lassimonne. . . . . 5 »
Petit Bordeaux, H. Marx. . . . . 3 »
Polka des Carottes, E. Ouvier. . . . . 5 »
Po-Paul, Tac-Cœn. . . . . 5 »
Procès Vauradieu Joanny-Gandon. . . . . 4 »
Rosalie, polka, Lindheim. . . . . 3 »
St-Hubert, Ch. Gabet. . . . . 5 »
Un Souvenir, Lombart. . . . . 5 »

Mazurkas

Boîte de Pandore, mazurka, Léon Dufils. . . . . 5 »
Les Cloches de Corneville, par Javelot. . . . . 5 »
        —   par Henri Natif. . . . . 5 »
Désir, mazurka, par Cristen. . . . . 3 »
Une Étoile d'Antichambre, par Claments. . . . . 4 »
Epicurienne, mazurka, par Lassimonne. . . . . 5 »

AVIS AUX CHEFS D'ORCHESTRES. — Toutes ces danses existent
pour orchestres et les plus grands succès de saisons.

*On peut se procurer les orchestrations, qui sont faites par les
compositeurs, soit en location soit en vente.*

Paris. — Alcan-Lévy, imprimeur breveté, 61 rue de Lafayette.

www.ingramcontent.com/pod-product-compliance
Ingram Content Group UK Ltd.
Pitfield, Milton Keynes, MK11 3LW, UK
UKHW022347170726
13837UKWH00005BA/2465